BEI GRIN MACHT SICH IHR
WISSEN BEZAHLT

- Wir veröffentlichen Ihre Hausarbeit,
  Bachelor- und Masterarbeit

- Ihr eigenes eBook und Buch -
  weltweit in allen wichtigen Shops

- Verdienen Sie an jedem Verkauf

Jetzt bei www.GRIN.com hochladen
und kostenlos publizieren

Ernst Probst

Die Aunjetitzer Kultur in Deutschland

Eine Kultur der Frühbronzezeit vor etwa 2300 bis 1600/1500 v. Chr.

GRIN Verlag

Bibliografische Information der Deutschen Nationalbibliothek:

Die Deutsche Bibliothek verzeichnet diese Publikation in der Deutschen National-
bibliografie; detaillierte bibliografische Daten sind im Internet über http://dnb.d-
nb.de/ abrufbar.

Impressum:

Copyright © 2011 GRIN Verlag GmbH
Druck und Bindung: Books on Demand GmbH, Norderstedt Germany
ISBN: 978-3-656-03057-7

GRIN - Your knowledge has value

Der GRIN Verlag publiziert seit 1998 wissenschaftliche Arbeiten von Studenten, Hochschullehrern und anderen Akademikern als eBook und gedrucktes Buch. Die Verlagswebsite www.grin.com ist die ideale Plattform zur Veröffentlichung von Hausarbeiten, Abschlussarbeiten, wissenschaftlichen Aufsätzen, Dissertationen und Fachbüchern.

Besuchen Sie uns im Internet:

http://www.grin.com/

http://www.facebook.com/grincom

http://www.twitter.com/grin_com

Ernst Probst

Die Aunjetitzer Kultur in Deutschland

Eine Kultur der Frühbronzezeit
von etwa 2300 bis 1600/1500 v. Chr.

Widmung

Den Wissenschaftlern gewidmet,
die mich bei meinem Buch
»Deutschland in der Bronzezeit« (1996)
bei den Recherchen über Kulturen
der Frühbronzezeit
besonders unterstützt haben:

Dr. Gretel Gallay (heute Callesen), Nidderau
Professor Dr. Hans-Eckart Joachim, Bonn
Professor Dr. Horst Keiling, Schwerin
Professor Dr. Rüdiger Krause, Frankfurt am Main
Dr. Friedrich Laux, Hamburg
Dr. Peter Schröter, München

Vorwort

Eine Kultur, die zwischen etwa 2300 und 1600/1500 v. Chr. zunächst in Thüringen, Sachsen und Sachsen-Anhalt sowie später auch im östlichen Niedersachsen und in Brandenburg existierte, steht im Mittelpunkt des Taschenbuches »Die Aunjetitzer Kultur in Deutschland«. Die nach dem Fundort Aunjetitz (Únetice) in Böhmen bezeichnete Aunjetitzer Kultur gilt als eine der wichtigsten Kulturen der Frühbronzezeit. Sie war gebietsweise in Tschechien, der Slowakei, in Deutschland, Polen und Österreich verbreitet. Geschildert werden die Anatomie und Krankheiten der damaligen Ackerbauern, Viehzüchter und Bronzegießer, ihre Siedlungen, Kleidung, ihr Schmuck, ihre Keramik, Werkzeuge, Waffen, Haustiere, Jagdtiere, ihr Verkehrswesen, Handel, ihre Kunstwerke und Religion.

Verfasser ist der Wiesbadener Wissenschaftsautor Ernst Probst, der sich vor allem durch seine Werke »Deutschland in der Urzeit« (1986), »Deutschland in der Steinzeit« (1991) und »Deutschland in der Bronzezeit« (1996) einen Namen gemacht hat. Das Taschenbuch »Die Aunjetitzer Kultur in Deutschland« ist Dr., Gretel Gallay, Professor Dr. Hans-Eckart Joachim, Professor Dr. Horst Keiling, Professor Dr. Rüdiger Krause, Dr. Friedrich Laux und Dr. Peter Schröter gewidmet, die den Autor mit Rat und Tat bei seinen Recherchen über Kulturen der Frühbronzezeit unterstützt haben.

Inhalt

Der dänische Archäologe
Christian Jürgensen Thomsen (1788–1865)
hat 1836 die Urgeschichte
nach dem jeweils am meisten verwendetem Rohstoff
in drei Perioden eingeteilt:
Steinzeit, Bronzezeit und Eisenzeit.

KAREL BUCHTELA,
geboren am 6. März 1864 in Nový Pavlov,
gestorben am 19. März 1946 in Prag.
Er war Finanzoberrat
und hatte von 1924 bis 1938
das Amt des Direktors
des Staatlichen Archäologischen Instituts
in Prag inne.
Bei seinen Forschungen arbeitete Buchtela
mit dem tschechoslowakischen Archäologen
Lubor Niederle aus Prag zusammen.
Buchtela und Niederle haben 1910
im »Handbuch der Tschechischen Archäologie«
den Begriff Aunjetitzer Kultur
verwendet und populär gemacht.

Bronzegießer
»Fürsten« und Kannibalen

Die Aunjetitzer Kultur

Als Dr. med. Cenek Ryzner (1845–1923) in den 1870-er Jahren im böhmischen Únetice (Aunjetitz) ein urgeschichtliches Gräberfeld untersuchte, ahnte er nicht, welche Bedeutung dieses einmal erlangen würde. Denn nach jenem Fundort mit 31 Gräbern hat man später eine der wichtigsten Kulturen der Frühbronzezeit benannt. Ryzner, der Distriktsarzt von Roztoky bei Prag und Heimatforscher war, publizierte 1880 seine Ausgrabungsergebnisse und verzichtete dabei auf einen Kulturbegriff.

Ungeachtet dessen sprachen einige Prähistoriker am Ende des 19. Jahrhunderts spontan von Funden oder Gräbern des Typs Únetice. Der Name »Úneticer Kultur« tauchte erstmals in dem 1910 erschienenen »Handbuch der Tschechischen Archäologie« auf. Das Werk wurde von den Prager Prähistorikern Karel Buchtela (1864–1946) und Lubor Niederle (1865–1944) verfasst. Der Ausdruck Úneticer Kultur ist heute noch in Tschechien und in der Slowakei gebräuchlich. In Deutschland und Österreich dagegen verwendet man den deutschsprachigen Begriff »Aunjetitzer Kultur« oder »Aunjetitz-Kultur«.

LUBOR NIEDERLE,
geboren am 20. September 1865 in Klatovy,
gestorben am 14. Juni 1944 in Prag.
Er habilitierte sich 1891
und war 1898 bis 1929
Professor der vorgeschichtlichen Archäologie
und Ethnologie an der Universität in Prag.
Später wurde er Rektor
der Universität Prag
sowie Begründer und erster Direktor
des Archäologischen Instituts in Prag.
Niederle verwendete 1910
zusammen mit Karel Buchtela
im »Handbuch der Tschechischen Archäologie«
den Begriff Aunjetitzer Kultur.

Es gab aber auch Versuche, noch andere Namen in die Fachliteratur einzuführen. Doch der nach dem mährischen Fundort Menín (Mönitz) geprägte Name »Mönitzer Kultur«[1] konnte sich auf Dauer ebensowenig durchsetzen wie der auf einem mitteldeutschen Fundort fußende Ausdruck »Leubinger Kultur«[2].

Die Aunjetitzer Kultur ist gegen Ende der Jungsteinzeit aus der Glockenbecher-Kultur[3] und der Schnurkeramischen Kultur[4] hervorgegangen. Weil die Aunjetitzer Leute die Gewinnung sowie die Verarbeitung von Kupfer und Bronze beherrschten, markiert ihre Kultur den Beginn der Frühbronzezeit.

Nach heutiger Kenntnis existierte die Aunjetitzer Kultur von etwa 2300 bis 1600/1500 v. Chr. Sie war während der Frühstufe in Böhmen, Mähren, der Südwestslowakei, Schlesien, Niederösterreich, Thüringen, Sachsen und Sachsen-Anhalt verbreitet. In der Spätstufe gab es sie auch im östlichen Niedersachsen sowie in Brandenburg und im Südwesten Großpolens.

Die ältesten Funde aus der Frühstufe in Mitteldeutschland (Thüringen, Sachsen, Sachsen-Anhalt) sind etwas jünger als die ältesten Hinterlassenschaften in Mähren, dem Kerngebiet der Aunjetitzer Kultur. Nach Ansicht der meisten Prähistoriker sind die Aunjetitzer in Mitteldeutschland aber nicht etwa geschlossen aus Mähren oder Böhmen eingewandert. Vielmehr machte sich im wesentlichen die einheimische Bevölkerung die Errungenschaften der Aunjetitzer aus dem Gebiet des heutigen Tschechien zu eigen.

Im östlichen Niedersachsen sind die typischen Erzeugnisse dieser Kultur erst in deren Spätstufe nachweisbar.

Verbreitung der Kulturen und Gruppen während der älteren Frühbronzezeit (etwa 2300 bis 1800 v. Chr.) in Deutschland

14

In ihrer Nachbarschaft behaupteten sich noch Be-
völkerungsgruppen, die auf dem Niveau der späten
Jungsteinzeit standen. In Teilen von Sachsen (Oberlausitz), Sachsen-Anhalt (Altmark), Brandenburg (Nie-
derlausitz, Uckermark) wurden die Metallurgie, Töpferei,
Bestattungssitten und Religion der Aunjetitzer erst in
beziehungsweise gegen Ende der Spätstufe über-
nommen.

Dank der Untersuchungen von zahlreichen Skelettresten aus Gräberfeldern weiß man einiges über das
Aussehen der Aunjetitzer. In Mitteldeutschland waren
sie im Vergleich zu den jungsteinzeitlichen Bauern relativ
hochwüchsig. Dort erreichten die Männer einer Stich-
probe zufolge eine Körperhöhe von durchschnittlich
1,71 Metern und die Frauen von 1,60 Metern. Der bisher
größte Mann maß 1,78 Meter, die größte Frau 1,66
Meter. Ansonsten ähneln die Skelette am ehesten
denjenigen der Schnurkeramiker.

Der Berliner Anthropologe Herbert Ullrich beschrieb
1963 die Schädel der Aunjetitzer Lokalgruppe von
Großbrembach (Kreis Sömmerda) in Thüringen als
ungewöhnlich lang, sehr schmal und extrem hoch. Das
Kinn war höher als bei heutigen Menschen. Der zweite
Backenzahn brach früher durch, als es jetzt allgemein
der Fall ist.

Diesen Menschen war meistens kein langes Leben
beschieden. In Mitteldeutschland lag das durchschnitt-
liche Sterbealter der Männer bei 37 Jahren und das der
Frauen bei 35,8 Jahren. Das entspricht den ungünstigen
Verhältnissen in heutigen Entwicklungsländern. Als
Ursachen für den – gemessen an unseren Erwartungen

– frühen Tod gelten ein entbehrungsreiches Leben, schwere Arbeit, Hungerperioden, schlechte medizinische Versorgung bei Krankheiten und Unfällen. Des weiteren gab es häufig Komplikationen bei der Geburt, wobei Mutter und Kind den Tod fanden. Zudem starben viele Kleinkinder in den ersten Lebensjahren.

Von den 108 im Gräberfeld von Großbrembach bestatteten Menschen haben nur 17,4 Prozent der Männer das 40. Lebensjahr überschritten und bei den Frauen sogar nur 4,3 Prozent. Jeder vierte Erwachsene in Mitteldeutschland litt damals an Karies (Zahnfäule). Anzeichen von Parodontose sind bei mehr als 80 Prozent der Männer und Frauen erkennbar. Manchmal waren sogar schon Kinder und Jugendliche davon betroffen.

Interessante Aufschlüsse über den Zustand der Zähne lieferte die Untersuchung von Gebissen aus Gräbern in Großbrembach. Dabei wurden starker Abschliff der Zähne, Karies mit Zahnverlust als Folge, entzündliche Prozesse, häufig Zahnstein und außerdem nicht angelegte Zähne erkannt.

Ein Schädel aus Großbrembach hatte eine schwere Deformation am rechten Rand des Hinterhauptsloches, die anormale Kopfhaltung und -bewegung bewirkte. Am Schädel einer Frau von Großbrembach fand man Veränderungen, die von einem Tumor, Knochenmetastasen oder einem Sarkom stammen könnten, was wohl zum Tode führte. Ein etwa zwanzigjähriger Mann aus Schönewerda (Kyffhäuser-Kreis) in Thüringen litt unter einer linksseitigen Kiefer-Gaumenspalte.

Ein Aunjetitzer aus Großbrembach hatte sein ganzes Leben lang beim Gehen erhebliche Probleme. Sein linker Oberschenkelknochen war 2,5 Zentimeter kürzer als der rechte. Er hinkte deswegen und verspürte stärkere Beschwerden in den Kniegelenken sowie im überbelasteten rechten Hüftgelenk. Außerdem dürfte er infolge der pathologischen Gelenkmechanik unter Kreuz- und Rückenschmerzen gelitten haben. Derselbe Mensch hatte auch x-förmig abgespreizte Unterschenkel (X-Beine) und leicht im Kniegelenk angewinkelte Beine. Bei jedem Schritt rieben sich seine Knie aneinander und verursachten Schmerzen beim Gehen.

Bei manchen Skelettresten sind Spuren von Gewalteinwirkung erkennbar. Das war bei drei Schädeln aus dem Massengrab bei Reidewitz nahe Freist-Elben (Kreis Mansfelder Land) in Sachsen-Anhalt der Fall. Sie weisen rundliche Löcher mit scharfem Bruch auf, weswegen der Tod bald nach der Verletzung eingetreten sein muss. Allein aus Großbrembach sind drei Schädeloperationen nachgewiesen. Zwei davon scheinen wegen der auffallenden Ähnlichkeit von Größe und Form der Öffnung im Schädel sowie wegen der gleichen Schabetechnik vom selben Medizinmann ausgeführt worden zu sein. Im ersten Fall ist die Operationswunde vollständig verheilt, und der Patient hat den Eingriff viele Jahre überlebt. Im zweiten Fall wurde die Trepanation etwa ein Jahr vor dem Tod vorgenommen, der dann infolge eines Schlages eintrat. Schädeloperationen waren auch bei den Aunjetitzern in Tschechien und in der Slowakei üblich.

Nach Funden aus Unterteutschenthal (Saalkreis) in Sachsen-Anhalt und Werlaburgdorf[5] (Kreis Wolfenbüttel) in Niedersachsen zu schließen, trugen die Aunjetitzer eine Kleidung aus gewebten Stoffen.

In Unterteutschenthal lag ein zehn mal sechzehn Zentimeter großes Gewebefragment in einem Grab. Das leicht verfilzte Tuch hat Kettfäden aus Flachsgarn und Schussfäden aus Schafwolle. In Werlaburgdorf stieß man auf eine fast kreisrunde Grube von 1,30 Meter Durchmesser und 60 Zentimeter Tiefe. Vermutlich handelte es sich um die Kellergrube eines abgebrannten Webstuhlgebäudes, wovon 13 walzenförmige Webgewichte zeugen. Nicht selten sind an Bronzeringen Gewebeabdrücke sichtbar.

Als eine typische Gewandnadel der Aunjetitzer Leute gilt die so genannte »zyprische Schleifennadel«. Sie verdankt ähnlichen Funden auf der Mittelmeerinsel Zypern ihren Namen, obwohl es auch in Ägypten vergleichbare Nadeln gab. Dennoch gelten diese bronzenen Nadeln als heimische Erzeugnisse. »Zyprische Schleifennadeln« wurden des weiteren an Fundstellen der Straubinger Kultur in Südbayern entdeckt. Sie behaupteten sich in einigen Gebieten bis zur Zeit der Hügelgräber-Kultur.

Aus der Frühstufe der Aunjetitzer Kultur sind bisher in Mitteldeutschland kaum Hinweise auf Siedlungen bekannt. Vielleicht waren sie so gebaut, dass sie keine Spuren im Boden hinterließen. Dagegen konnte man für die Spätstufe zahlreiche offene Siedlungen mit festen Häusern sowie einige unbefestigte und befestigte Höhensiedlungen, gelegentlich auch bewohnte Höhlen, nachweisen. Die gestiegene Zahl der Fundplätze sowie eine Art von »Landesausbau« – zum Beispiel in der Oberlausitz – deuten auf eine Zunahme der Bevölkerung hin.

Als ein besonderer Aufenthaltsort diente die Diebeshöhle[6] bei Uftrungen (Kreis Sangerhausen) in Sachsen-Anhalt. In dieser Höhle haben Schatzsucher, Heimatforscher sowie Prähistoriker gegraben und dabei Hinterlassenschaften der Aunjetitzer Kultur entdeckt. Einer der ehemaligen Bewohner verlor in der Höhle durch einen Felssturz sein Leben.

Die Aunjetitzer lebten in kleinen Gruppen über das Land verstreut. Ihre beachtlich großen Häuser waren aus Pfosten konstruiert. Bei den früher als »Grubenhütten« bezeichneten Bauten handelte es sich vielleicht um Wirtschaftseinrichtungen. Neben den Behausungen lagen oft Abfallgruben. Zwei Hausgrundrisse wurden im Braunkohlerevier von Esbeck bei Schöningen[7] (Kreis Helmstedt) in Niedersachsen freigelegt. Einer davon hatte die Ausmaße 27 mal sechs Meter. Ähnlich groß waren die Häuser in der Siedlung von Brezno in Tschechien.

Eine größere Siedlung hatten die Aunjetitzer auf dem Mühlberg bei Großbrembach[8] (Kreis Sömmerda) in Thüringen gegründet. Ihre Einwohnerzahl wird auf etwa 80 bis 130 Menschen geschätzt. Dieser langgestreckte Höhenzug war nicht befestigt.

Aus Mitteldeutschland sind bisher zwölf zum Teil nachweislich mit Gräben und Wällen geschützte Höhensiedlungen der Aunjetitzer Kultur bekannt. Solche »Burgen« wurden offenbar vor allem entlang von

Fernhandelswegen errichtet, die sich teilweise über Hunderte von Kilometern verfolgen lassen. Sie liegen im Vorgelände von Gebirgspässen, in der Nähe von Furten, aber auch an Weggabelungen oder -kreuzungen.

Nach Ansicht des Dresdener Prähistorikers Klaus Simon wurden die befestigten Höhensiedlungen teilweise in der Nähe oberflächennaher, ergiebiger Erzvorkommen angelegt. So befindet sich die Befestigung auf der Schalkenburg bei Quenstedt[9] (Kreis Mansfelder Land) in Sachsen-Anhalt inmitten eines Kupferschiefergebiets. Die »Burgen« von Querfurt und Langenstein waren weniger als zehn Kilometer von leicht zugänglichen Erzlagerstätten entfernt. Demnach könnte deren Ausbeutung in der Hand von Bewohnern dieser Höhensiedlungen gelegen haben.

In Mitteldeutschland beträgt die Entfernung zwischen den Aunjetitzer »Burgen« mindestens 15 Kilometer bis maximal 35 Kilometer. Im Schutz solcher Befestigungen hielten sich vielleicht Handwerker und Händler sowie ein »Fürst« mit ihren Familien auf, die von der umliegenden bäuerlichen Bevölkerung mit Nahrungsmitteln versorgt wurden. Die Vorbilder für derartige Anlagen sind in Böhmen und weiter entfernt im Gebiet an der mittleren Donau zu suchen.

Als Standort für befestigte Höhensiedlungen wurden meistens kleine Bergsporne mit steilen Felshängen gewählt. Sie waren häufig nur an einer Seite zugänglich und manchmal von einer Flussschlinge umgeben. Die mitunter einzige, nur wenige Meter breite Verbindung zum Hinterland ließ sich mit geringem baulichen

Aufwand durch Wälle beziehungsweise Mauern und Tore schützen. So war es bei den »Burgen« von Dohna[10] (Kreis Sächsische Schweiz), Löbsal[11] (Kreis Riesa-Großenhain), Mutzschen[12] (Muldentalkreis) in Sachsen sowie in Bad Kösen[13] (Burgenlandkreis) und Langenstein[14] (Kreis Halberstadt) in Sachsen-Anhalt der Fall.

Bisher ist kaum etwas über die Innenbebauung der Aunjetitzer »Burgen« bekannt. Dunkle Verfärbungen auf dem Weinberg bei Grabe (Unstrut-Hainich-Kreis) in Thüringen, die durch einen helleren Geländestreifen voneinander getrennt sind, können möglicherweise von Hausgrundrissen stammen. Ob es innerhalb der mitteldeutschen Höhensiedlungen eine der Führungsschicht vorbehaltene »Akropolis« gab, wie in donauländischen Anlagen nachgewiesen wurde, ist unbekannt.

Wie zuvor die Bauern der Jungsteinzeit säten und ernteten auch die Aunjetitzer die Getreidearten Gerste *(Hordeum vulgare)*, Emmer *(Triticum dicoccon)* und Einkorn *(Triticum monococcum)*. Verkohlte Reste von Emmer und eine fragmentarisch erhaltene steinerne Getreidemühle wurden in einer Vorratsgrube von Döbeln-Masten (Kreis Döbeln) in Sachsen entdeckt. Darauf standen fünf Tongefäße der Aunjetitzer Kultur. Überbleibsel von Emmer und Einkorn lagen auch in einer Siedlungsgrube von Werlaburgdorf in Niedersachsen. Häufig sind Abdrücke von Getreidekörnern auf Tongefäßen zu finden.

Öfters legte man Getreidemühlen sogar mit ins Grab, was wohl aus religiösen Motiven geschah. Vielleicht sollten die Toten im Jenseits ebenfalls mahlen können.

In einem Grab von Dresden-Gostritz wurde ein Bruchstück von einem Mahlstein (Unterlieger) von 39 mal 26 Zentimeter Größe mit maximal 14 Zentimeter Dicke geborgen. Der dazugehörige Läuferstein (Reibekugel) hatte einen Durchmesser von neun Zentimetern. Mit dem Läuferstein sind die auf den Mahlstein geschütteten Getreidekörner zerquetscht worden.

Tierknochen aus einer Siedlungsgrube bei Sundhausen (Kreis Nordhausen) in Thüringen zeigen, dass die Aunjetitzer mit der Zucht von Rindern, Schweinen, Schafen und Ziegen als Haustiere vertraut waren. Andere Reste aus derselben Grube belegen die gelegentliche Jagd auf Rothirsche *(Cervus elaphus)* und Rehe *(Capreolus capreolus)*. Die Aunjetitzer hielten auch Pferde als Reittiere. In Gleina (Burgenlandkreis) und in Köllme (Saalkreis), beide in Sachsen-Anhalt gelegen, wurde je ein komplettes Pferdeskelett in der Nähe menschlicher Gräber entdeckt.

Die Töpfer der Aunjetitzer Kultur modellierten Henkeltassen, Schalen, Näpfe und Krüge. Hinzu kamen zahlreiche grobe Wirtschaftsgefäße zum Kochen und Aufbewahren von Vorräten. Koch- und Vorratsgefäße fand man beispielsweise in Döbeln-Masten (Sachsen).

In der Frühstufe ähnelten manche Formen und Verzierungselemente der Keramik – wie Ritzlinien und Fransenmuster – bis ins Detail der Keramik in Böhmen. Zuweilen ahmten die Aunjetitzer Töpfer formschöne Schöpfungen fremder Kulturen nach, wie ein Fund aus Nienhagen (Kreis Halberstadt) in Sachsen-Anhalt beweist. Dort wurde die Nachbildung eines Vaphio-

bechers geborgen, die Gefäße wie den Fund der Mykenischen Kultur von Vaphio in Griechenland zum
Vorbild hatte.

Im thüringischen Wandersleben[15] (Kreis Gotha) kam
ein tönernes Objekt mit runden Einstichen zum Vorschein, das von dem Prähistoriker Detlef W. Müller aus
Halle/ Saale als »Stempel« gedeutet wurde. Dieser Fund
gehört nach Auffassung des Wiener Prähistorikers
Gerhard Trnka zu den rätselhaften tönernen »Brotlaib-
Idolen«, deren Funktion umstritten ist. Manche Ex-
perten betrachten sie als Kultobjekte, Webgewichte oder
Gußtiegel. »Brotlaib-Idole« kennt man aus Deutschland,
Österreich, Tschechien, der Slowakei, Ungarn, Ru-
mänien,Serbien, Oberitalien und Polen. Sie sind mit
unterschiedlichen Einstichen versehen.

Nach Ansicht des Mainzer Prähistorikers Hans-Jürgen
Hundt (1909–1990) erlangte der Metallguss in Mit-
teleuropa zur Zeit der Aunjetitzer Kultur ein nie zuvor
gekanntes Ausmaß. Dieser Aufschwung der Guss-
technik wäre ohne das Legieren des Kupfers mit Zinn
unmöglich gewesen. Zwar beherrschte man bereits in
der ausgehenden Jungsteinzeit das Gießen größerer
Objekte aus Kupfer, doch die Herstellung kleinerer
Gegenstände in Kupferguss war damals nicht
durchführbar. Erst die Beifügung des Zinns zum Kupfer
machte das Metall für solche Zwecke ausreichend
geschmeidig. Die Rohgüsse wurden je nach Bedarf
geschmiedet, genietet, graviert und gepunzt.

In der Frühstufe der Aunjetitzer Kultur fertigten die
Metallhandwerker nur Erzeugnisse aus Kupfer und
Arsenbronze an. Man könnte diesen ersten Abschnitt

kulturgeschichtlich noch der Jungsteinzeit zurechnen. Anfangs dienten bei der Herstellung von Geräten weiterhin meistens Steine und Knochen als Rohstoff. Die Blütezeit des Bronzegusses fiel in die Spätstufe. Erst von da ab setzte sich die Zinnbronze in Form von Nadeln, Schmuckscheiben, Hals-, Arm- und Beinringen sowie Werkzeugen, Waffen und Gussbarren durch. Nach den Erkenntnissen der Prähistoriker und metallkundlichen Analysen der Bronzeerzeugnisse zu schließen, beschafften sich die mitteldeutschen Aunjetitzer das Kupfererz teils von weither aus den Alpen beziehungsweise Karpaten, teils aber vermutlich auch aus dem Harz, Harzvorland, Thüringer Wald, Orlagau, Vogtland und Erzgebirge. Das Zinn bezogen sie möglicherweise ebenfalls aus heimischen Lagerstätten (Erz- und Fichtelgebirge sowie Vogtland). Dies kann auf dem Tauschweg oder durch eigene Expeditionen geschehen sein.

Depotfunde mit manchmal Hunderten von Ösenhalsringen oder Randleistenbeilen belegen die Massenproduktion von Bronzeerzeugnissen. Wegen des einheitlichen Aussehens von Bronzebarren und -beilen wird darüber spekuliert, ob diese Gegenstände vielleicht beim Tauschhandel als eine Art Währung galten.

Die meisten Bronzegegenstände goss man wohl in Lehmformen, die anschließend zerstört wurden, um das gewünschte Endprodukt freizulegen. Dieses Verfahren heißt »Guss in verlorener Form«. Andererseits beweisen Gussnahtreste an Bronzeerzeugnissen auch die Verwendung von mehrteiligenSchalengussformen, die öfter eingesetzt werden konnten.

Aus Gräbern (Erfurt-Gispersleben, Sachsenburg, Kyff-häuser-Kreis) und Siedlungen (Gräfentonna, Kreis Gotha) in Mitteldeutschland sind Tondüsen für Blasrohre von Bronzegießern geborgen worden. Sie wurden beim Tiegelschmelzverfahren verwendet, das beispielsweise durch Darstellungen aus dem alten Ägypten bekannt ist. Dabei hat man mit Hilfe von Blasrohren kleine Mengen Erz in Tontiegeln zu Metall aufgeschmolzen.

Besonders auffällig ist der Metallreichtum der Aunjetitzer in der Gegend von Halle/Saale. Dort wurde auf engstem Raum eine ungewöhnliche Massierung von Metallschätzen entdeckt, die der schwedische Prähistoriker Oscar Montelius (1843–1921) bereits 1900 mit der dortigen Salzgewinnung in Verbindung brachte. Es ist gut möglich, dass die Aunjetitzer an der mittleren Saale teilweise das Metall oder Bronzeerzeugnisse mit Salz »bezahlten«.

Zu den am frühesten entdeckten großen Metalldepots im Saalegebiet gehört jenes von 1821 am westlichen Ufer der Schkopau. Das Depot umfasste mehr als 120 bronzene Randleistenbeile und hat ein Gesamtgewicht von über einem Zentner. Weitere Bronzedepots kamen 1879 bei Bennewitz (Saalkreis), 1904 und 1937 bei Dieskau unweit Halle/Saale sowie 1923 und 1934 bei Halle-Kanena zum Vorschein. Davon war das bei Bennewitz mit 297 Randleistenbeilen im Gesamtgewicht von etwa zwei Zentnern das schwerste. Im Gegensatz dazu überwogen beim 1904 entdeckten Bronzedepot I von Dieskau Schmuckstücke, beim 1937 geborgenen Bronzedepot II von Dieskau mit 293

Randleistenbeilen jedoch wieder Werkzeuge beziehungsweise Barren in Beilform.

Ein erstaunlicher Metallreichtum wurde auch in Gräbern an der mittleren Saale und am Unterlauf der Unstrut beobachtet. Das hat 1951 den damals in Mainz tätigen Prähistoriker Ulrich Fischer veranlasst, von einer »Metallgruppe« der Aunjetitzer Kultur zu sprechen.

Im Neißegebiet zwischen Guben und Forst in Brandenburg wurden etwa 20 Bronzedepots entdeckt. Als das größte davon gilt das in zwei Tongefäßen aufbewahrte Depot aus Guben-Bresinchen[16] (Kreis Spree-Neiße) mit 146 bronzenen Waffen und Schmuckstücken im Gesamtgewicht von mehr als 30 Kilogramm. Dazu gehörten unter anderem 86 Randleistenbeile vom sächsischen Typ, 17 norddeutsche Randleistenbeile, acht Dolche, zwei Stabdolche, eine Doppelaxt, zehn Ösenhalsringe, elf kleine, schwere, ovale Ringe und neun schwere ovale Beinringe. Zu den Besonderheiten von dort zählt ein Dolch mit vier Goldscheiben auf der Griffstange.

Außer Metallen verwendeten die Aunjetitzer – wie eh und je – auch Steine, Knochen und Geweih als Rohstoffe. Das belegen die Funde bei Sundhausen in Thüringen sehr eindrucksvoll. Dort wurden zahlreiche Werkzeuge aus Felsgestein, Sandstein, Porphyr, Granit, Feuerstein, Knochen und Geweih geborgen. Dabei handelte es sich um Rillenbeile, Steinkeil, Amboss, Sandsteinplatte, Klopfsteine, Reibsteine, Pfeilschaftglätter, Knochennadel mit durchlochter Kopfplatte, Pfriem, Flachshecheln aus Schulterblättern vom Rind, Geweihstab und hacke.

Importierte nordische Feuersteindolche kennt man nur aus der Frühstufe der Aunjetitzer Kultur. Sie dienten unter anderem zum Zerteilen von Fleisch. Ein solcher Feuersteindolch wurde in einem Grab von Seebach (Unstrut-Hainich-Kreis) in Thüringen gefunden.

Als Waffen benutzten Aunjetitzer Krieger Beile mit bronzener Klinge und hölzernem Schaft, Pfeil und Bogen sowie bronzene Dolche. Dagegen werden die bronzenen Stabdolche und Keulen als Prunkwaffen oder Zeremonialgeräte betrachtet.

Die Streitäxte mit steinerner Klinge und hölzernem Schaft waren offenbar der sozial herausragenden Schicht vorbehalten. Eine steinerne Streitaxt aus Serpentin gehörte zum Beispiel zur letzten Ausrüstung des »Fürsten« aus dem heutigen Stadtteil Leubingen von Sömmerda (Kreis Sömmerda) in Thüringen. Sie ist 17 Zentimeter lang und zur Aufnahme des Holzschafts durchbohrt.

Der Gebrauch von Pfeil und Bogen wird durch Pfeilspitzen aus Feuerstein sowie Pfeilschaftglätter belegt. Acht Pfeilspitzen aus Feuerstein sind im niedersächsischen Garlstedt (Kreis Osterholz) entdeckt worden. Einen Pfeilschaftglätter aus Sandstein kennt man – wie erwähnt – von Sundhausen in Thüringen. Darauf wurden Unebenheiten von Holzpfeilen abgeschliffen.

Bronzene trianguläre Dolche und Stabdolche gelten als besonders eindrucksvolle Zeugnisse für die Leistungsfähigkeit der Bronzegießer. Bei ihnen dürfte es sich um Prestigeobjekte für die Krieger und »Fürsten« gehandelt haben.

Der Rostocker Prähistoriker Harry Wüstemann be-
zweifelt, dass mit den triangulären Dolchen ein Feind
wirksam bekämpft werden konnte. Denn die breiten
Klingen, deren Spitzen zudem oft abgerundet sind,
eigneten sich hierfür wohl kaum.

Auch die Stabdolche dienten eher zu Repräsen-
tationszwecken denn als eine Waffe für jedermann, weil
sie häufig in Gräbern bedeutender Persönlichkeiten
gefunden wurden. Sie hatten einen Stab (Schaft, Stiel)
aus Holz oder Bronze, an dessen Ende rechtwinklig die
bronzene Klinge befestigt war. Manchmal ist der Holz-
schaft eines Stabdolchs mit Bronzeringen verziert
gewesen.

Wie ein Stabdolch getragen wurde, verrät die Position
einer solchen Waffe in einem der Steinkistengräber von
Burk (Kreis Bautzen) in Sachsen: Die bronzene Klinge
mit anhaftenden Resten des Holzstabs lag am Nacken
des toten Kriegers, der den Stabdolch geschultert
hatte.

Zu dem erwähnten Depotfund von 1904 aus Dieskau
gehörten 13 Stabdolche, während jener von 1937 aus
Dieskau nur einen Stabdolch enthielt. Letzterer ist
ebenso wie die meisten Stabdolche des ersten Depot-
fundes von Dieskau aus der gleichen Legierung von
Kupfer und Arsen, fast ohne Zinn, gegossen. Das Depot
von Groß-Schwechten[17] (Kreis Stendal) in Sachsen-
Anhalt umfasste zehn Stabdolche, von denen jeder etwa
500 Gramm wog.

Stabdolche waren in der Frühbronzezeit von der Ibe-
rischen Halbinsel bis zum Balkan sowie von Skandinavien bis Italien verbreitet. Der irische Prähistoriker

Seán P. Ó Riordáin (1905–1957) aus Dublin definierte 1937 die Stabdolche als Waffen, die auch bei kultischen Ritualen Verwendung gefunden haben dürften. Auf Felsbildern in Skandinavien und Italien sind häufig Stabdolche mit überlangen Stielen zu sehen, die bei Zeremonien präsentiert wurden. Vielleicht diente diese Prunkwaffe als Demonstrationsobjekt für die Bevölkerung, oder sie spielte bei Opferungen eine Rolle.

Ganz selten waren offenbar bronzene Keulen. Eine solche Hiebwaffe kam in Thale[18] (Kreis Quedlinburg) in Sachsen-Anhalt zum Vorschein. Sie ist 64 Zentimeter lang und hat einen röhrenförmigen Schaft.

Untereinander und mit Angehörigen fremder Kulturen tauschten die Aunjetitzer Bronzebarren in Form von Ösenhalsringen und Beilen, Salz und Schmuck. Nach den Funden zu schließen, gab es einen weitreichenden Tauschhandel. Auch Gast- oder Hochzeitsgeschenke dürften üblich gewesen sein.

Besonders begehrte Tauschobjekte waren Bronzebarren, für die wohl Überschüsse aus der Landwirtschaft (Saatgut, Haustiere), formschöne Keramik oder seltene Schmuckstücke geboten wurden. Die Bronzebarren hat man weiterverarbeitet oder eingeschmolzen, um daraus andere Bronzeerzeugnisse zu gewinnen.

Salz wurde – wie schon während der jungsteinzeitlichen Bernburger Kultur[19] – auch in der Frühbronzezeit an der mittleren Saale gewonnen. Als Beweisstücke hierfür gelten tönerne Ovalsäulen und Wannen aus der Gegend von Halle/Saale, die bei der Salzherstellung verwendet wurden. Derartige feuerfeste Tongebilde nennt man »Briquetage«. Die tönernen Säulen dienten als Träger von Wannen, unter denen man Feuer schürte, um Salzsole zu sieden. Das auf diese Weise erzeugte Salz wurde nicht nur selbst verbraucht, sondern auch als Tauschware angeboten.

Von regen Tauschgeschäften künden die zahlreichen Bernsteinfunde im Verbreitungsgebiet der Aunjetitzer Kultur. Denn dieses fossile Harz stammt aus dem Nordsee- und Ostseeraum und musste importiert werden. In der Spätstufe der Aunjetitzer Kultur gelangte solcher Bernstein bis in das Gebiet der Mykenischen Kultur Griechenlands. Als Gegengaben könnten unter anderem blaue oder grüne Fayenceperlen von dort ihren Weg bis nach Böhmen und Mähren gefunden haben.

Die Aunjetitzer verfügten – wie ihre Vorgänger aus der Jungsteinzeit – über Pferde als Reittiere. Einer der Beweise hierfür wurde in Gleina (Sachsen-Anhalt) entdeckt. Am Schädel eines dort gefundenen Pferdeskeletts befanden sich zwei Eberhauer, die als Trensenknebel gedeutet werden.

Auf dem Landweg beförderte man schwere Lasten mit Karren, vor die Rinder gespannt waren. Bei Krautheim[20] (Kreis Weimarer Land) in Thüringen trat unter einem zerstörten Aunjetitzer Steinpackungsgrab die 3,50 Meter lange Spur eines zweirädrigen Karrens zutage. Parallel davon verlief eine weitere Radspur. Diese Radfurchen wurden von einem 1,10 Meter breiten Karren mit Holzscheibenrädern hinterlassen, deren Felgen etwa elf Zentimeter breit waren. Der Karren ist in völlig aufgeweichter Erde gefahren.

Die Aunjetitzer trugen Schmuck aus Bronze, Bernstein und Gold. Vor allem die Frauen waren mitunter reichlich mit Schmuck ausgestattet. Es gab geschlossene und offene Halsringe, Halsketten, Spiralröllchen, geschlossene und offene Armringe, Armspiralen, Nadeln, Schmuckscheiben und Beinringe.

Womit sich wohlhabende Frauen in Mitteldeutschland verschönerten, zeigt ein Fund aus Kyhna[21] (Kreis Delitzsch) in Sachsen, der als Jenseitsausstattung für eine Aunjetitzerin gedeutet wird. Dazu gehörten eine geometrisch verzierte Schmuckscheibe, zwei kleine Scheiben mit je drei Buckelkreisen, eine »zyprische Schleifennadel«, eine Schleifennadel mit ovalem Scheibenknopf, drei Halsringe, ein Armring, zwei Armspiralen, acht Schleifenringe, 31 Spiralröllchen mit einer Gesamtlänge von 1,55 Metern, elf Bernsteinperlen, ein kleiner Dolch und ein dolchartiges Messer, das Fundstücken in der Ägäis ähnelt.

Die aus dem Norden eingeführten Bernsteinperlen hatten es manchen Frauen besonders angetan. So trug eine in einem Steinkistengrab von Burk (Kreis Bautzen) in Sachsen bestattete Frau eine Halskette mit 312 Bernsteinperlen im Gesamtgewicht von 117 Gramm. Die meist kugeligen Bernsteinperlen besaßen überwiegend einen Durchmesser von 0,6 bis 1,4 Zentimetern, nur das Schlussstück mit einer Länge von 2,2 Zentimetern und einer Dicke von 1,2 Zentimeter war noch größer. Mehr als 100 Bernsteinperlen gehörten zu dem erwähnten Bronzedepot von 1904 aus Dieskau.

Viele vornehme Aunjetitzer standen stark im Bann des Goldes. Vor allem in den »Fürstengräbern« von Sömmerda-Leubingen[22] (Thüringen), Dieskau[23] und bei

Helmsdorf/Augsdorf[24] (beide in Sachsen-Anhalt) lag reicher Goldschmuck. In Leubingen fand man Nadeln, einen Armring, Lockenspiralen und ein Spiralröllchen aus Gold. Sie gehörten dem »Fürsten«. In Dieskau kamen ein goldenes Randleistenbeil, zwei goldene längsgerippte Armbänder und ein schwerer Armring mit aufgerollten Enden aus goldhaltigem Silber zum Vorschein. Bei Helmsdorf/Augsdorf (Kreis Mansfelder Land) barg man zwei Ösennadeln, einen Armring, zwei Lockenspiralen (Noppenringe) und ein Spiralröllchen aus Gold.

In Böhmen war der Goldreichtum der Aunjetitzer ebenfalls beträchtlich. Im Gräberfeld von Tursko enthielt fast jedes zweite Grab goldene Gegenstände, Locken- und Armringe sowie Nadeln aus diesem Edelmetall.

Die von den Maßen her größten Kunstwerke an Fundstellen der Aunjetitzer Kultur in Mitteldeutschland wurden bisher aus Gräbern zutage gefördert. Es sind Steinplatten mit eingravierten Motiven, deren Sinn teilweise nicht zu deuten ist. Einige dieser Steinplatten wurden vermutlich schon in der Jungsteinzeit hergestellt und in Gräbern der frühbronzezeitlichen Aunjetitzer Kultur lediglich als Baumaterial wiederverwendet[25].

Zu diesen imposanten Kunstwerken gehört die verzierte Deckplatte eines Steinkistengrabs von Dingelstedt[26] (Kreis Halberstadt) in Sachsen-Anhalt. Sie ist 1,55 Meter hoch, einen Meter breit und 20 Zentimeter dick. Auf der Platte mit einer menschlichen Darstellung sind links oben ein Kreis, darunter eine gestielte Axt, etwa in der Mitte senkrechte Striche und ein ovales Gebilde, das als Gürtel gedeutet wird, zu sehen.

Auf der 1,36 Meter langen, 53 Zentimeter breiten und zehn Zentimeter dicken Steinplatte von Hornburg[27] (Kreis Merseburg-Querfurt) in Sachsen-Anhalt könnten Dolche mit Griffen abgebildet sein. Sie lag in einem Steinpackungsgrab, bei dem eine dicke Steinschicht über dem Toten angehäuft wurde.

Die Aunjetitzer bestatteten ihre Toten im allgemeinen so, dass sie auf der rechten Körperseite ruhten, wobei der Kopf im Süden lag, die Beine nach Norden wiesen und der Blick gen Osten gerichtet war, wo die Sonne aufgeht. Das geschah ohne Rücksicht auf Alter, Geschlecht und soziale Stellung des oder der Verstorbenen.

Diese eigenartige Totenorientierung wurde 1952 in der Marburger Dissertation des später in Wiesbaden tätigen Prähistorikers Heinz-Eberhard Mandera (1922–1995) erstmals als generelle Abgrenzung der Aunjetitzer Kultur gegenüber benachbarten frühbronzezeitlichen Kulturen herausgestellt. Seine Erkenntnisse fußten vor allem auf den Beobachtungen tschechischer Forscher und den Ergebnissen des von 1947 bis 1950 in Halle/Saale wirkenden Prähistorikers Ulrich Fischer für den Elbe-Saale-Raum. Besonders im südlichen und östlichen Bereich der Aunjetitzer Kultur (Niederösterreich, Schlesien) hatte man vorher auf solche Unterscheidungen kaum geachtet beziehungsweise sie gar nicht erkannt. Die Aunjetitzer Kultur ist nach dieser Anschauung ein Grabsittenkreis.

In der Frühstufe waren – worauf die Gräber und Beigaben für die Toten hindeuten – große Besitzunterschiede offenbar noch unbekannt. Damals wurden einfache Erdgräber, selten mit Steinschutz versehen und relativ einheitlich ausgestattet, angelegt. Dagegen lassen die Gräber der Spätstufe auf eine bemerkenswerte soziale Differenzierung schließen. Während dieser Zeitspanne sind im Flussgebiet der Saale und der Unstrut sowie in der großpolnischen Gruppe (Leki Male) vereinzelt so genannte »Fürstengräber« errichtet worden. Typisch für sie waren hölzerne Totenhütten unter riesigen Erdhügeln. Darin bestattete man bedeutende Persönlichkeiten (»Fürsten«) mit reichen Gerät-, Schmuck- und Waffenbeigaben.

Häufiger wurden die Toten in schlichten Flachgräbern beerdigt, gelegentlich in Steinkammern (auch Steinkistengräber genannt), die einst eine Holzkonstruktion hatten, oder in Grabhügeln der späten Jungsteinzeit. Diesen Verstorbenen legte man nur selten bronzene Nadeln, Dolche und Noppenringe sowie Keramik mit ins Grab. Die meisten Gräber enthielten lediglich Tongefäße oder gar keine Beigaben.

Als eines der imposantesten »Fürstengräber« gilt das von Sömmerda-Leubingen in Thüringen. Dort ruhte ein greiser verstorbener »Fürst« mit goldenen Beigaben unter einer aus dicken, behauenen Eichenbalken und -bohlen errichteten zeltförmigen Totenhütte, die 3,50 Meter lang, 1,50 Meter breit und 1,30 Meter hoch war. Die als Bauholz benötigten Eichen wurden – modernen Altersdatierungen zufolge – nach 1942 v. Chr. gefällt.

Quer über dem »Fürsten« von Sömmerda-Leubingen lag ein zehnjähriges Kind. Der Boden der Grabkammer war mit Steinen gepflastert, mit Holz gedielt und mit

Schilfmatten ausgelegt. Das Dach der Totenhütte hatte man außen mit Ton und Schilf abgedichtet. Darüber lasteten ein Steinhügel von zwei Meter Höhe und 18 Meter Durchmesser sowie eine Erdaufschüttung von fünf Meter Höhe. Insgesamt war der Grabhügel 8,50 Meter hoch, sein Durchmesser betrug 34 Meter und sein Umfang 110 Meter. Für diesen riesigen Hügel mussten 210 Kubikmeter Steine und 3060 Kubikmeter Erde bewegt werden. Am Bau solcher Anlagen dürften die Einwohner mehrerer Dörfer beteiligt gewesen sein.

Ähnlich eindrucksvolle »Fürstengräber« wie das von Sömmerda-Leubingen mit Totenhütte und Goldbeigaben kennt man von Nienstedt[28] und Sömmerda[29] in Thüringen sowie von Dieskau und bei Helmsdorf/Augsdorf in Sachsen-Anhalt. Darin waren Anführer mit Prunk und Pomp zur letzten Ruhe gebettet worden. Die Ausstattung des »Fürsten« bei Helmsdorf/Augsdorf bestand aus sechs goldenen Schmuckstücken, einem bronzenem Randleistenbeil, Dolch, Meißel, einer Steinaxt und einem amphorenartigem Tongefäß. Im Grab des »Fürsten« von Dieskau kam sogar die goldene Klinge eines Randleistenbeils zum Vorschein. Die Eichen für dieses »Fürstengrab« hat man in den Jahren nach 1840 v. Chr. geschlagen.

Neben den monumentalen »Fürstengräbern« gab es größere Gräberfelder für das »einfache Volk«. Eines davon wurde auf dem Mühlberg von Großbrembach entdeckt. Auf diesem Friedhof sind 108 Verstorbene in 81 Gräbern bestattet worden. Wie auch in Böhmen belegt, hatte auf dem Großbrembacher Gräberfeld jede

Zeichnung auf Seite 37:

Bestattung eines älteren Mannes
und – quer über ihm liegend – eines Kindes
im »Fürstengrab« des Ortsteils Leubingen
von Sömmerda (Kreis Sömmerda) in Thüringen.
Die Toten ruhen unter einer Totenhütte,
die von einem riesigen Grabhügel bedeckt ist.
Zeichnung von Friederike Hilscher-Ehlert, Königswinter,
für das Buch »Deutschland in der Bronzezeit« (1996)
von Ernst Probst

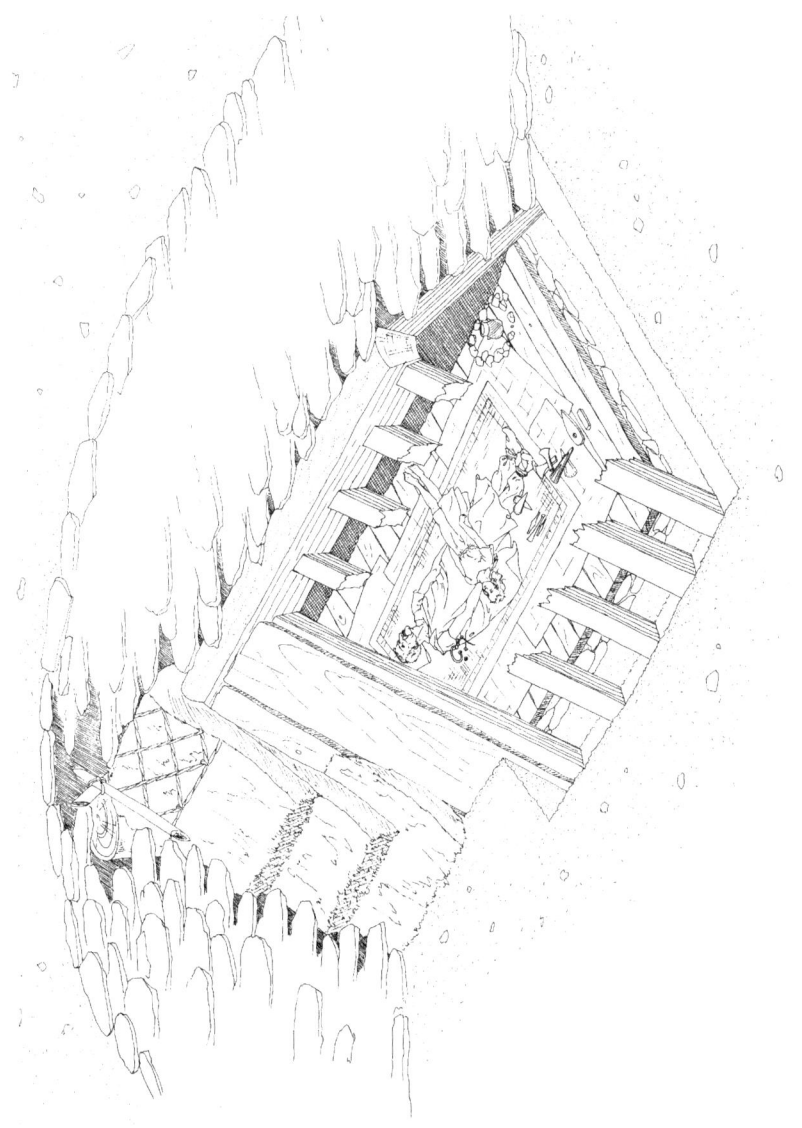

37

Großfamilie ihren eigenen Platz. Das Gräberfeld auf dem Taubenberg bei Wahlitz[30] (Kreis Jerichower Land) in Sachsen-Anhalt umfasste mehr als 80 Gräber, von denen vier eine Holzverschalung aufwiesen.

Im östlichen Niedersachsen sind bisher 18 Gräber der Aunjetitzer aufgespürt worden. Darunter spiegelt das Erdgrubengrab von Werlaburgdorf[31] (Kreis Wolfenbüttel) den gar nicht selten praktizierten Brauch wider, mehrere Tote in einer einzigen Lege zu beerdigen. In Werlaburgdorf nahm solch ein Grab sieben Verstorbene auf.

Neben Erdgrubengräbern errichteten die Aunjetitzer regional auch Steinkistengräber, deren Seitenwände von Steinplatten gebildet wurden. Allein in Burk[32] (Kreis Bautzen) in Sachsen hat man 14 Gräber dieses Typs entdeckt. Sie waren innen bis zu 3,50 Meter lang, 2,50 Meter breit und reichten bis zu 1,25 Meter in den Erdboden. Bei Dresden-Gostritz[33] wurden vier von ihnen freigelegt.

Auch in Steinkistengräbern erfolgten mitunter Mehrfachbestattungen. So hatte man in ein nur 1,35 Meter langes und 95 Zentimeter breites Steinkistengrab bei Reidewitz unweit von Freist-Elben[34] (Kreis Mansfelder Land) in Sachsen-Anhalt zwölf Erwachsene gezwängt. Normalerweise benutzte man Gräber dieser Größe nur für höchstens zwei Personen. Es ist allerdings nicht ganz sicher, ob dieses Steinkistengrab tatsächlich aus der Zeit der Aunjetitzer Kultur stammt.

Drei Schädel der Toten bei Reidewitz wiesen – wie erwähnt – Spuren tödlicher Verletzungen auf, die vielleicht von spitzen Steinbeilen oder Bronzebeilen stammten. Der Prähistoriker Paul Grimm (1907–1993) aus Halle/Saale spekulierte 1939 darüber, ob es sich hierbei um einen Hinweis auf kriegerische Auseinandersetzungen handeln könne.

Von der Norm wichen auch Doppel- und Dreierbestattungen in Nohra[35] (Kreis Nordhausen) in Thüringen ab, bei denen die Toten mehr oder minder übereinandergelegt und zum Teil mit den Beinen verklammert waren. Ähnliche Körperlagen kennt man von Prag-Bubenec und Svetec (Schwaz) in Böhmen. Paul Grimm vermutete 1932 dahinter die Möglichkeit, dass auf diese Weise die Beischlafhaltung nachgeahmt werden sollte.

Unter den drei Bestattungen von Herbsleben[36] (Unstrut-Hainich-Kreis) in Thüringen fiel eine Bauchlage auf. Es ist das Skelett einer schätzungsweise 40 bis 50 Jahre alten Frau, deren Arme und Beine vom Körper bedeckt waren. Die Bauchlage wird von manchen Prähistorikern so gedeutet, dass die Frau mit den rechtlichen oder moralischen Normen ihrer Gemeinschaft in Konflikt geraten und deshalb eine Ausgestoßene war. Möglicherweise sollte die Bauchlage aber auch den »bösen Blick« bannen, oder sie spiegelte die Furcht vor der Wiederkehr von »gefährlichen Toten« wider.

Seit der Spätstufe hat man gelegentlich Kinder in tönernen Vorratsgefäßen beerdigt. Derartige Pithos-Bestattungen, die weit in den Mittelmeerraum weisen, gab es außer in Tschechien und in der Slowakei auch in Mitteldeutschland, nämlich in Börnecke (Kreis Aschersleben-Staßfurt), Leuna (Kreis Merseburg-Querfurt) und Neuhaldensleben (Ohrekreis), alle in Sachsen-Anhalt gelegen.

Mit dem Totenkult und der Religion sind vielleicht auch einige Menhire in Mitteldeutschland verbunden. Derartige Steinmale mit und ohne Darstellungen waren allerdings schon in der Jungsteinzeit bekannt. Die Menhire werden unterschiedlich gedeutet. Man hielt sie für Opfersteine, Ahnenbilder, Ersatzleiber von Verstorbenen, Seelenthrone oder Weltsäulen. Ob die unverzierten Menhire Hünenstein bei Nohra (Kreis Weimar-Land) in Thüringen sowie Speckseite von Aschersleben (Kreis Aschersleben-Staßfurt) und Langer Stein von Seehausen bei Magdeburg (Bördekreis) in Sachsen-Anhalt von Aunjetitzern errichtet wurden, wie manche Autoren annehmen, bleibt freilich offen.

Der Prähistoriker Martin Jahn (1888–1974) aus Halle/ Saale vermutete 1950, die in den »Fürstengräbern« bestatteten Männer seien Priester gewesen. Sie repräsentierten nach seiner Ansicht gleichermaßen die weltliche und die religiöse Macht. Dem mutmaßlichen Priesterfürsten von Leubingen musste vielleicht sogar ein zehnjähriges Kind ins Grab folgen, damit er im Jenseits bedient werden konnte und Gesellschaft hatte. Für einen Glauben an das Weiterleben nach dem Tod spricht auch der große Tontopf im Leubinger »Fürstengrab«, der Nahrungsmittel oder ein Getränk enthalten haben mag.

In der Religion der Aunjetitzer spielten Opfer eine wichtige Rolle. Man deponierte die Gaben in Sümpfen, Mooren, Flussbetten, unbefestigten und befestigten Siedlungen, Verstecken mit Steinschutz und in Tongefäßen. Neben Sach- und Nahrungsgütern opferten die Aunjetitzer nicht selten auch Leichenteile, die sie bei

Kultmahlzeiten übrig ließen, oder sogar lebende Menschen. Als Schauplatz von Menschenopfern dienten vor allem Höhlen.

Makabre Opferriten dürften sich in manchen der etwa 20 Höhlen des Kyffhäusers bei Bad Frankenhausen[37] (Kyffhäuser-Kreis) in Thüringen abgespielt haben. Dort befand sich in der Bronze- und Eisenzeit ein bedeutender Kultort, an dem immer wieder auch Menschen geopfert wurden. Aus der Zeit der Aunjetitzer Kultur stammen Tierknochen, Menschenschädel und -knochen sowie Keramikreste, Knochennadeln, eine Bernsteinperle und ein Steinbeil, die vom Grund einer 15 Meter tiefen Schachthöhle geborgen worden waren.

Angebrannte Tier- und Menschenknochen, Keramik und geröstete Getreidekörner weisen in der Diebeshöhle bei Uftrungen (Kreis Sangerhausen) in Sachsen-Anhalt auf ähnliche Opferpraktiken wie im Kyffhäuser hin. Bei den in der Diebeshöhle ausgegrabenen menschlichen Skelettresten handelte es sich um vier Erwachsene und zwei Kinder.

Menschenopfer wurden von Aunjetitzern außerdem in Höhlen des Ith – eines Höhenzuges in Niedersachsen – dargebracht. Als Schauplätze derartiger blutiger Rituale gelten die Rothesteinhöhle[38], die Nasensteinhöhle[39] und möglicherweise auch die Kinderhöhle[40], die alle im Kreis Minden liegen.

In der Rothesteinhöhle wurden zertrümmerte Tier- und Menschenknochen, Holzkohle, Keramikreste sowie Bronze- und Knochengeräte entdeckt. Weil viele menschliche Röhrenknochen zerschlagen waren und angeblich Brand- sowie Schnittspuren aufwiesen, wurde schon im vorigen Jahrhundert Kannibalismus vermutet. In der Rothesteinhöhle dürften etwa 28 Menschen aus rituellen Motiven erschlagen und verzehrt worden sein.

In der Kinderhöhle zeugen zertrümmerte Tier- und Menschenknochen zwischen Asche und Holzkohle von makabren Opferbräuchen. In Nischen hatte man Knochen hoch aufgetürmt. Die Höhle verdankt zwei Hirnschalen von Kindern, die ineinandergesetzt waren, ihren Namen. Auch ein durchbohrter Menschenzahn wurde dort geborgen.

Unklar ist, ob die menschlichen Skelettreste aus der Nasensteinhöhle der Aunjetitzer Kultur zuzurechnen sind und ob es sich dabei um Reste von Kannibalismus handelt. Die Nasensteinhöhle wird durch einen Felsblock in eine Süd- und in eine Nordspalte gegliedert. In der Südspalte fand man das Skelett eines Menschen, in dessen linker Augenhöhle ein langer, dünner Knochenpfriem aus dem Wadenbein eines Raubvogels steckte. In der Nordspalte lagen Menschenknochen zwischen Felsbrocken, die von der Decke der Höhle gestürzt waren. Wegen dieser Funde wurde die Nasensteinhöhle von dem Hildesheimer Botaniker Friedrich Joesting (1865–1922) als Jagdstation eines nordischen Stammes interpretiert, der Menschenjagden auf die einheimische Bevölkerung unternommen habe.

Heute besteht kein Zweifel daran, dass zumindest ein Teil der in den Ith-Höhlen entdeckten Skelettreste von Menschenopfern stammen. Das haben Untersuchungen des Göttinger Anthropologen Michael Schultz ergeben. Er stellte fest, dass einem Mann ein tödlicher

Hieb auf den Kopf zugefügt wurde. Ein etwa vier-
jähriges Kind hat man mit dem Kopf auf den Höhlen-
boden geschlagen. Zudem weist eine Menschenrippe
zwei Schnittspuren auf.

Auf Menschenopfer in Brunnenanlagen, die anschließend nicht mehr benutzt wurden, deuten Funde
von Potsdam-Nedlitz[41] in Brandenburg und Ganovce
in der Slowakei hin. In Potsdam-Nedlitz hatte man aus
rituellen Motiven eine junge Frau getötet, in Ganovce
absichtlich Menschenknochen zerschlagen.

Manche Prähistoriker haben das Verschwinden der
Aunjetitzer Kultur mit kriegerischen Ereignissen zu
erklären versucht. Demnach sollen östliche Noma-
denvölker, die bereits über zweirädrige, mit Pferden
bespannte Streitwagen verfügten, auch der Aunjetitzer
Kultur ein Ende bereitet haben. Einige Anhänger jener
Theorie glauben, die Diebeshöhle in Thüringen sei eine
Zufluchtsstätte von Menschen gewesen, welche die
Katastrophe am Ende der frühen Bronzezeit miter-
lebten. Andere Prähistoriker meinen, die Aunjetitzer
seien in der folgenden Hügelgräber-Kultur aufgegangen
oder aus Mitteldeutschland abgewandert. Eine befrie-
digende Erklärung steht indessen noch aus.

Anmerkungen

1] Der Name Mönitzer Kultur geht auf den Prähistoriker Anton Rzehak (1855–1923) aus Brno (Brünn) zurück, der 1882 nach der Ausgrabung einiger frühbronzezeitlicher Hockerbestattungen bei Menín (Mönitz) den Begriff Mönitzer Typus verwendete und damit den Namen Úneticer Kultur ersetzen wollte.

2] Der Prähistoriker Otto Tischler (1843–1891) aus Königsberg formulierte in den 1880-er Jahren die Bezeichnung »Periode von Pile-Leubingen«, die nach dem schwedischen Depotfund von Pile bei Malmö und dem mitteldeutschen Fundort Leubingen benannt ist. Tischler war zunächst Bibliothekar, später Direktor des Museums in Königsberg.

3] Der Begriff Glockenbecher-Kultur fußt auf dem weitmündigen Becher in Gestalt einer umgestülpten Glocke, der als typisches Tongefäß jener Kultur gilt. Von Glockenbechern sprach 1900 der damals am Römisch-Germanischen Zentralmuseum, Mainz, arbeitende Prähistoriker Paul Reinecke (1872–1958). Zuvor hatten schon italienische und tschechoslowakische Prähistoriker diesen Namen verwendet. Die Glockenbecher-Kultur existierte etwa von 2500 bis 2200 v. Chr.

4] Der Begriff Schnurkeramische Kultur geht auf den Berliner Prähistoriker Alfred Götze (1865–1948) zurück, der 1891 von Schnurverzierter Keramik und

Schnurkeramik sprach. Die Schnurkeramische Kultur behauptete sich etwa von 2800 bis 2400 v. Chr.

5] Das abgebrannte Webstuhlgebäude von Werlaburgdorf (Lietfeld) wurde während der Ausgrabungen von 1952 bis 1956 durch den Prähistoriker Franz Niquet (1910–1986) aus Braunschweig entdeckt. In Werlaburgdorf hat in den 1930-er Jahren der Realschullehrer und Heimatpfleger des Kreises Goslar, Otto Thielemann (1893–1990), Funde gesammelt und Fundbergungen vorgenommen. Die erste Untersuchung erfolgte 1938 durch das Landesmuseum Hannover unter der Leitung der Archäologen Erich Michels aus Bonn und Jürgen Erdniß (1886–1970) aus Berlin. 1951 nahm das Amt für ur- und frühgeschichtliche Bodendenkmalpflege im niedersächsischen Verwaltungsbezirk Braunschweig unter der Leitung des Prähistorikers Johannes Pätzold eine kleine Ausgrabung vor.

6] In der Diebeshöhle bei Uftrungen haben in den vergangenen Jahrhunderten zahlreiche Schatzsucher gegraben. Sie vermuteten wegen des Namens der Höhle dort reiche Schätze, die von einer Räuberbande zusammengetragen worden seien. Eine Zusammenfassung der ihm aus der Diebeshöhle bekannt gewordenen Funde hat 1914 der damals in Wernigerode lebende Kulturhistoriker Hugo Mötefindt (*1893) in der »Zeitschrift für Ethnologie« gegeben. 1922 und 1925 grub der Verein für Höhlenkunde in Sachsen in der Diebeshöhle. Im Herbst 1927 wurde die Höhle von den Prähistorikern Julius Andree (1889–1942) und Paul Grimm (1907–1993) für die Landesanstalt für Vorgeschichte in Halle/Saale systematisch untersucht.

7] Die Hausgrundrisse von Esbeck bei Schöningen wurden im Frühjahr 1984 ausgegraben.

8] Auf dem Mühlberg bei Großbrembach wurde 1973 eine Siedlungsgrube mit Brandschicht, Keramikresten und Tierknochen entdeckt.

9] Auf der Schalkenburg bei Quenstedt haben die Prähistoriker Hermann Behrens und Erhard Schröter (1935–1988) aus Halle/Saale zwischen 1962 und 1981 gegraben.

10] Auf dem Burgberg von Dohna wurden 1887/88, 1904/05 und 1930 Untersuchungen durchgeführt.

11] Die ersten Funde auf dem Burgberg von Löbsal kamen 1907 zum Vorschein.

12] Am Ostrand des Schlossberges von Mutzschen hat 1970 der Prähistoriker Wilfried Baumann vom Landesmuseum für Vorgeschichte, Dresden, eine Rettungsgrabung vorgenommen.

13] In Bad Kösen wurden 1860, 1930 und 1933 kleine archäologische Sondierungen durch den Kunsthistoriker Friedrich Klopfleisch (1831–1898) aus Jena, den Prähistoriker Friedrich Karl Bicker (1908–1967) aus Halle/Saale und den Prähistoriker Werner Hülle (1903–1974) aus Halle/Saale durchgeführt. 1987/88 hat dort der Heimatforscher Manfred Böhme aus Jena zahlreiche Keramikreste aufgesammelt.

14] In Langenstein nahm 1909 der Direktor der Vorgeschichtlichen Abteilung des Berliner Völkerkundemuseums, Carl von Schuchhardt (1859–1943), eine Sondierung vor.

15] Das »Brotlaib-Idol« von Wandersleben wurde 1970 von Holger Althaus aus Wandersleben gefunden, sofort dem Museum für Ur- und Frühgeschichte Thüringens, Weimar, übergeben und 1982 von dem Prähistoriker Detlef W. Müller am Landesmuseum für Vorgeschichte, Halle/Saale, publiziert.

16] Auf das Depot von Guben-Bresinchen stieß man 1954 beim Kiesabbau.

17] Das Depot von Groß-Schwechten wurde 1861 bei Rodungsarbeiten im Gemeindeforst entdeckt.

18] Die bronzene Keule von Thale wurde im November 1872 gefunden.

19] Der Begriff Bernburger Kultur geht auf Alfred Götze (s. Anm. 4) zurück, der 1892 den Namen Bernburger Typus prägte. Heute spricht man vielfach auch von der Walternienburg-Bernburger Kultur, die nach zwei Fundorten in Sachsen-Anhalt benannt ist und etwa von 3200 bis 2800 v. Chr. dauerte.

20] Die Karrenspur bei Krautheim wurde 1975 entdeckt.

21] Der Schmuck aus Kyhna wurde im Mai 1979 bei Ausschachtungsarbeiten für eine Wasserleitung gefunden.

22] Das »Fürstengrab« von Leubingen wurde 1877 im Auftrag der Historischen Kommission der Provinz Sachsen durch Friedrich Klopfleisch (s. Anm. 13) ausgegraben, weil der Grabhügel durch Erdabfuhr gefährdet war.

23] Die ersten Funde aus dem »Fürstengrab« von Dieskau kamen 1874 auf einem Feld bei Meliorationsarbeiten zum Vorschein. 1979 wurde der Grabhügel wegen geplanter Baumaßnahmen untersucht. Ein anderes »Fürstengrab« aus der Gegend von Dieskau soll schon 1747 entdeckt worden sein, als der Domherr von Taubenheim auf einem Feld einen Hügel abgetragen ließ. Dabei fanden sich eine Axt und ein Streithammer aus gelbem Erz sowie goldene Schmuckstücke.

24] Das »Fürstengrab« im Großen Galgenhügel am Paulsschacht bei Helmsdorf/Augsdorf wurde von dem Eislebener Gymnasialprofessor Hermann Größler (1840– 1910) vom 16. November 1906 bis März 1907 untersucht. Er hatte wegen der Gefährdung des Grabhügels durch eine geplante Gleisanlage im Zusammenhang mit dem Schachtbetrieb für den Abbau des Mansfelder Kupferschiefers eine Notgrabung vorgenommen.

25] Diese Vermutung äußerte 1991 Detlef W. Müller (s. Anm. 15).

26] Das Steinkistengrab mit verzierter Deckplatte aus Dingelstedt wurde 1925 entdeckt.

27] Die Steinplatte auf dem »kleinen Felde«, einem südöstlichen Ausläufer des Silberhügels bei Hornburg, wurde im Dezember 1933 von dem Kunstmaler Max Albert Leusch (1877–1954) aus Halle/Saale gefunden.

28] Das »Fürstengrab« von Nienstedt wurde 1879 von Friedrich Klopfleisch (s. Anm. 13) ausgegraben.

29] In Sömmerda hat Friedrich Klopfleisch (s. Anm. 13) zwei Grabhügel aufgespürt, einen davon 1877, bei dem anderen ist das Fundjahr nicht bekannt.

30] Das Gräberfeld auf dem Taubenberg bei Wahlitz wurde 1949 durch die ehrenamtlichen Bodendenkmalpfleger Ernst Ebert (1899–1978) und Hans Lies aus Magdeburg entdeckt und ausgegraben.

31] Das Erdgrubengrab von Werlaburgdorf (Lietfeld) wurde 1956 durch Franz Niquet (s. Anm. 5) freigelegt.

32] Die ersten zwei Steinkistengräber von Burk bei Bautzen wurden 1926 und 1927 bei der Gewinnung von Sand und Kies für den Bau der Reichsautobahn Dresden-Bautzen-Görlitz entdeckt. Weitere Steinkistengräber kamen 1938 und 1939 zum Vorschein.

33] Der Arzt und ehrenamtliche Bodendenkmalpfleger Hans Kemnitz aus Dresden meldete 1981 dem Landesmuseum für Vorgeschichte, Dresden, die Entdeckung eines Grabes und einer Siedlungsgrube am Rand einer neu eröffneten Lehmgrube der Vereinigten Ziegelwerke Dresden. Vom 9. bis 17. September 1981 wurden vier Steinkistengräber ausgegraben.

34] Das Steinkistengrab mit der Massenbestattung bei Reidewitz unweit von Freist-Elben wurde 1933 entdeckt.

35] In Nohra hat 1930 und 1931 Paul Grimm (s. Anm. 6) insgesamt 24 Gräber untersucht.

36] In Herbsleben fiel bei Planierungsarbeiten zum Bau eines Güllebeckens eine Bodenverfärbung auf, die von dem Bodendenkmalpflegers Hans Mascher aus Herbsleben als Grab erkannt und an das Museum für Ur- und Frühgeschichte Thüringens, Weimar, gemeldet wurde. Am 4. November 1982 nahmen die Grabungs-Restauratoren Hans-Joachim Barthel und Werner Gall aus Weimar eine Notbergung vor.

37] Die Höhlen und Klüfte des Kyffhäuser-Gebirges bei Bad Frankenhausen wurden ab 1950 durch den Weimarer Prähistoriker Günter Behm-Blancke (1912–1994) untersucht. Er war ab 1947 Direktor des

Städtischen Museums für Urgeschichte, Weimar, und ab 1952 Direktor des Museums für Ur- und Frühgeschichte Thüringens, Weimar.

38] Die früheste Grabung in der Rothesteinhöhle erfolgte in den 1860-er Jahren durch den Direktor der Glashütte Grünenplan und der Eisenhütte Delligsen, Friedrich Koch (1836–1891) aus Grünenplan. 1881 oder 1882 grub darin der damals in Eschershausen arbeitende Postsekretär Wilhelm Vahldiek (1853–1912). Am 16. September 1883 nahm der Student August Wollemann (1862–1920) aus Boersum, der später als Lehrer in Braunschweig arbeitete, eine Grabung vor. 1909 gruben die Heimatforscher Jörres und Württemberger aus Hannover in der Höhle. 1951 bis 1954 fand der Leiter der Jugendherberge im Ith, Hermann Kohl, zahlreiche Tier- und Menschenknochen sowie Keramik. 1954 gruben der 18-jährige Schüler des Landschulheims Ith und spätere Archäologe Friedrich-Wilhelm von Hase in der Rothesteinhöhle sowie 1963 und 1964 der seinerzeitige Schüler und heutige Prähistoriker Klaus Grote.

39] Die Nasensteinhöhle gehört – zusammen mit der Töpferhöhle, Kinderhöhle und Soldatenhöhle – zu den vier Höhlen am Nasenstein. Diese Höhlen wurden im Sommer 1911 unter der Leitung des Leiters der botanischen Abteilung des Hildesheimer Roemer-Museums, Friedrich Joesting (1865–1922), untersucht, wobei die Anregung zu den Grabungen von dem damaligen Direktor des Roemer-Museums, Rudolf Hauthal (1854– 1928), ausging.

40] s. Anm. 39

41] Im Mai 1937 wurde bei Kasernenbauten südlich der Nedlitzer Südbrücke in Potsdam-Nedlitz ein tiefer Rohrgraben gezogen, in dem Arbeiter in etwa 2,70 Meter Tiefe auf einen Menschenschädel stießen. Die Arbeiter meldeten ihre Entdeckung der Bauleitung, welche die vorgeschichtliche Abteilung des Potsdamer Stadtmuseums benachrichtigte.

Literatur

AGTHE, Markus: Bemerkungen zu Feuersteindolchen im nordwestlichen Verbreitungsgebiet der Aunjetitzer Kultur. Arbeits- und Forschungsberichte zur sächsischen Bodendenkmalpflege, Bd. 33, S. 15–113, Dresden 1989

ANDRASCHKO, Frank M.: Studien zur funktionalen Deutung archäologischer Siedlungsbefunde in Rekonstruktion und Experiment. Hamburger Beiträge zur Archäologie, Werkstattreihe, Band 1, Duderstadt 1995

ANDREE, Julius / GRIMM, Paul: Die Diebeshöhle bei Uftrungen am Südharz. Jahresschrift für die Vorgeschichte der sächsisch-thüringischen Länder, Band 17, S. 16– 39, Halle/Saale 1929

ANONYMUS: † MUDr. Cenék Ryzner. Pámatky Archaeologické, Band 33, S. 344, Prag 1923

BACH, Adelheid / BACH, Herbert / SIMON, Klaus: Anthropologische Aspekte der Bevölkerungsentwicklung im westlichen Mitteldeutschland. Jahresschrift für mitteldeutsche Vorgeschichte, Band 56, S. 7–38, Halle/ Saale 1972

BACH, Herbert / BACH, Adelheid: Paläanthropologie im Mittelelbe-Saale-Werra-Gebiet. Weimarer Monographien zur Ur- und Frühgeschichte, Band 23, Weimar 1989

BECKER, Bernd / JÄGER, Klaus-Dieter / KAUFMANN, Dieter / LITT, Thomas: Dendrochronologische Datierungen von Eichenhölzern aus den frühbronzezeitlichen Hügelgräbern bei Helmsdorf und Leubingen (Aunjetitzer Kultur) und an bronzezeitlichen Flußeichen bei Merseburg. Jahresschrift für mitteldeutsche Vorgeschichte, Band 72, S. 299–312, Halle/ Saale 1989

BEHM-BLANCKE, Günter: Das Aunjetitzer Gräberfeld von Großbrembach, Kr. Sömmerda. Ausgrabungen und Funde, Band 21, Heft 1–4, S. 65–67, Berlin 1976

BEHM-BLANCKE, Günter: Zur Funktion bronze- und früheisenzeitlicher Kulthöhlen im Mittelgebirgsraum. Ausgrabungen und Funde, Band 21, Heft 1–4, S. 80–88, Berlin 1976

BEHRENS, Hermann: Martin Jahn †. Jahresschrift für mitteldeutsche Vorgeschichte, Band 61, S. 7–8, Halle/ Saale 1977

BERG, Alfred: Der Lange Stein oder Götterstein von Seehausen bei Magdeburg. Germanien, Band 1, S. 212–214, Leipzig 1933

BILLIG, Gerhard: Die Aunjetitzer Kultur in Sachsen. Veröffentlichungen des Landesmuseums für Vorgeschichte Dresden, Band 7, Leipzig 1958

BILLIG, Gerhard: Aunjetitzer Kultur. Aus: HERRMANN, Joachim (Herausgeber): Lexikon früher Kulturen, Band 1, S. 95, Leipzig 1984

BRUNN, Wilhelm Albert von: Zu den Bronzen von Thale und Welbsleben. Germania, Jahrgang 25, S. 73–82, Frankfurt/Main 1941

BRUNN, Wilhelm Albert von: Vier frühe Metallfunde aus Sachsen und Anhalt. Prähistorische Zeitschrift, Band 34/35, erste Hälfte, S. 235–266, Berlin 1950

BRUNN, Wilhelm Albert von: Die Hortfunde der frühen Bronzezeit aus Sachsen-Anhalt, Sachsen und Thüringen. Deutsche Akademie der Wissenschaften zu Berlin. Schriften der Sektion für Vor- und Frühgeschichte, Band 7, Berlin 1959

BUCHTELA, Karel / NIEDERLE, Lubor: Únetice-Kultur. Aus: Ruscovet ceské archeologie, S. 41, Prag 1910

COBLENZ, Werner: Eine Aunjetitzer Vorratsgrube mit Getreide aus Döbeln-Masten. Ausgrabungen und Funde, Band 18, Heft 2, S. 70–80, Berlin 1973

COBLENZ, Werner: Straubing und Aunjetitz. Bemerkungen Zu einem neuen Depotfund aus Kyhna, Kreis Delitzsch. Bayerische Vorgeschichtsblätter, Jahrgang 50, S. 113– 126, München 1985

COBLENZ, Werner: Paul Grimm 1907–1993. Ausgrabungen und Funde, Band 39, Heft 4, S. 161–163, Berlin 1994

EICHHORN, Gustav: Die Ausgrabung des Nienstedter Grabhügels durch Professor Klopfleisch aus Jena. Jahresschrift für die Vorgeschichte der sächsisch-thüringischen Länder, Band 7, S. 85–94, Halle/Saale 1908

ENGEL, Carl: Bilder aus der Vorzeit an der mittleren Elbe. Erster Band. Stein- und Bronzezeit, Burg bei Magdeburg 1930

FILIP, Jan: Ryzner, Cenek (1845–1923). Aus: FILIP, Jan (Herausgeber): Enzyklopädisches Handbuch zur Ur- und Frühgeschichte Europas, Band 2, S. 1181, Stuttgart 1969

FÖRTSCH, Oscar: Ein Depotfund der älteren Bronzezeit aus Dieskau bei Halle. Jahresschrift für die Vorgeschichte der sächsisch-thüringischen Länder, Band 4, S. 3–33, Halle/Saale 1905

GÖTZE, Alfred / HÖFER, Paul / ZSCHIESCHE, Paul: Die vor- und frühgeschichtlichen Altertümer Thüringens, Würzburg 1909

GRAICHEN, Gisela: Das Kultplatzbuch. Ein Führer zu den alten Opferplätzen, Heiligtümern und Kultstätten in Deutschland, Hamburg 1988

GRIMM, Hans: Paläopathologische Befunde an Menschenresten aus der Bronzezeit in der DDR als Hinweise auf Lebenslauf und Bevölkerungsgeschichte. Ausgrabungen und Funde, Jahrgang 23, Heft 1, S. 1–10, Berlin 1978

GRIMM, Paul: Die vor- und frühgeschichtliche Besiedlung des Unterharzes und seines Vorlandes auf Grund der Bodenfunde. Jahresschrift für die Vorgeschichte der sächsisch-thüringischen Länder, Band 18, S. 1–152, Halle/Saale 1930

GRIMM, Paul: Die Speckseite bei Aschersleben, ein Menhir auf einem endsteinzeitlichen-frühbronzezeitlichen Hügelgrabe. Nachrichtenblatt für Deutsche Vorzeit, 9. Jahrgang, Heft 6, S. 95–96, Leipzig 1933

GRIMM, Paul: Eine neue Platte der Endsteinzeit von Hornburg, Mansfelder Seekreis. Mannus, 29. Jahrgang, S. 427–437, Leipzig 1937

GRIMM, Paul: Ein Massengrab der frühesten Bronzezeit bei Elben, Mansfelder Seekreis. Mitteldeutsche Volkheit, Jahrgang 6, Heft 1/2, S. 12–15, Halle/Saale 1939

GRÖSSLER, Hermann: Das Fürstengrab im großen Galgenhügel am Paulsschachte bei Helmsdorf (im Mansfelder Seekreise). Jahresschrift für die Vorgeschichte der sächsisch-thüringischen Länder, Band 6, S. 1–85, Halle/ Saale 1907

GRÜNBERG, Walter: Frühbronzezeitliche Steinkistengräber von Burk bei Bautzen. Sachsens Vorzeit, 3. Jahrgang 1939, 1. und 2. Teil, S. 21–51, Leipzig 1940

GRÜNBERG, Walter: Die bronzezeitlichen Schmuckscheiben Sachsens. Sachsens Vorzeit, 5. Jahrgang 1941, Teil 1 und 2, S. 17–25, Leipzig 1942.

HÖFER, Paul: Der Leubinger Grabhügel. Jahresschrift für die Vorgeschichte der sächsisch-thüringischen Länder, Band 5, S. 1–59, Halle/Saale 1906

HOFFMANN, Richard: Ein tragischer Tod in der Quellzisterne. Germanen-Erbe, 4. Jahrgang, Heft 4, S. 109–112, Leipzig 1939

HOLTFRETER, Jürgen: Zur Anthropologie der Aunjetitzer des Mittelelbe-Saale-Gebietes. Aus: BACH, Herbert / BACH, Adelheid (Herausgeber): Paläanthropologie im Mittelelbe-Saale-Werra-Gebiet. Weimarer Monographien zur Ur- und Frühgeschichte, Band 23, S. 105–132, Weimar 1989

HOPF, Maria: Vor- und frühgeschichtliche Kulturpflanzen aus dem nördlichen Deutschland. Kataloge vor- und frühgeschichtlicher Altertümer, Band 22, Mainz 1982

HUNDT, Hans-Jürgen: Steinerne und kupferne Hämmer der frühen Bronzezeit. Archäologisches Korrespondenzblatt, Jahrgang 5, S. 115–120, Mainz 1975

JAHN, Martin: Ein kultureller Mittelpunkt bei Halle/ Saale während der frühen Bronzezeit. Jahresschrift für mitteldeutsche Vorgeschichte, Band 34, S. 81–89, Halle/ Saale 1950

JAZDZEWSKI, Konrad: Die Úneticer Kultur. Aus: Urgeschichte Mitteleuropas, S. 213–218, Wroclaw 1984

KEMNITZ, Hans / SIMON, Klaus: Aunjetitzer Steinkistengräber von Dresden-Gostritz. Ausgrabungen und Funde, Band 29, Heft 1, S. 12–15, Berlin 1984

KUPKA, Paul: Studien und Forschungen zur Kenntnis der Bronzezeit in der Altmark 2. Beiträge zur Geschichte, Landes- und Volkskunde der Altmark, Band 5, S. 406– 426, Stendal 1925–1930

LENERZ-DE WILDE, Majolie: Überlegungen zur Funktion der frühbronzezeitlichen Stabdolche. Germania, Jahrgang 69, 1. Halbband, S. 25–48, Frankfurt/ Main 1991

MANDERA, Heinz-Eberhard: Zur inneren Gliederung der Aunjetitzer Kultur. Auszug aus der Inaugural-Dissertation zur Erlangung des Doktorgrades der Philosophischen Fakultät der Philipps-Universität zu Marburg, Marburg 1952

MANDERA, Heinz-Eberhard: Versuch einer Gliederung der Aunjetitzer Kultur in Mitteldeutschland. Jahresschrift für mitteldeutsche Vorgeschichte, Band 37, S. 1–60, Halle/Saale 1963

MATTHIAS, Waldemar: Das mitteldeutsche Briquetage – Formen, Verbreitung und Verwendung. Jahresschrift für mitteldeutsche Vorgeschichte, Band 45, S. 119–225, Halle/Saale 1961

MATTHIAS, Waldemar: Die Salzproduktion – ein bedeutender Faktor in der Wirtschaft der frühbronzezeitlichen Bevölkerung an der mittleren Saale. Jahresschrift für mitteldeutsche Vorgeschichte, Band 60, S. 373–394, Halle/Saale 1976

MATTHIAS, Waldemar / SCHULTZE-MOTEL, Jürgen: Kulturpflanzenabdrücke an Gefäßen der Schnurkeramik und der Aunjetitzer Kultur aus Mitteldeutschland. Jahresschrift für mitteldeutsche Vorgeschichte, Band 55, S. 113–134, Halle/Saale 1971

MICHELS, Erich / ERDNISS, Jürgen: Aunjetitzer und Bernburger Siedlung von Burgdorf, Ldkr. Goslar, am linken Okerufer. Die Kunde, Jahrgang 7, Nr. 9, S. 133–151, Hannover 1939

MILDENBERGER, Gerhard: Mitteldeutschlands Ur- und Frühgeschichte, Leipzig 1959

MIRTSCHIN, Alfred: Funde der ältesten Bronzezeit im nordsächsischen Elbegebiet. Mannus, Band 33, S. 3–48, Leipzig 1941

MÜLLER, Detlef W.: Die späte Aunjetitzer Kultur des Saalegebietes im Spannungsfeld des Südostens Europas. Jahresschrift für mitteldeutsche Vorgeschichte, Band 65, S. 107–127, Halle/Saale 1982

MÜLLER, Detlef W.: Große Steine, alte Zeichen. Jungsteinzeitliches Bildgut in Grabbrauch und Religion. Archäologie in Sachsen-Anhalt, Heft 1, S. 20–26, Halle/Saale 1991

MÜLLER, Wilhelm: Die Skelette des Leubinger Grabhügels. Jahresschrift für die Vorgeschichte der sächsisch-thüringischen Länder, Band 5, S. 60–77, Halle/Saale 1906

NEUMANN, Gotthard: Die Entwicklung der Aunjetitzer Keramik in Mitteldeutschland. Prähistorische Zeitschrift, Band 20, 1./2. Heft, S. 70–144, Berlin 1929

NIQUET, Franz: Ein mehrmals besiedelter Platz auf dem Lietfeld, Gemarkung Werlaburgdorf (früher Burgdorf), Kreis Goslar. Neue Ausgrabungen und Forschungen in Niedersachsen, Band 7, S. 74–80, Hildesheim 1972

OTTO, Karl-Heinz: Die sozialökonomischen Verhältnisse bei den Stämmen der Leubinger Kultur in Mitteldeutschland. Ethnographisch-archäologische Forschungen, Band 3, Berlin 1955

RIEHM, Karl: Die Formsalzproduktion der vorgeschichtlichen Salzsiedestätten Europas. Jahresschrift für mitteldeutsche Vorgeschichte, Band 44, S. 180–217, Halle/Saale 1960

RYZNER, Cenék: Radove hroby blíze Únetic. Pámatky archaeologické, Band 11, S. 289–308, Prag 1878–81

SCHMIDT, Berthold / NITZSCHKE, Waldemar: Ein frühbronzezeitlicher »Fürstenhügel« bei Dieskau im Saalkreis. Ausgrabungen und Funde, Band 25, Heft 4, S. 179–185, Berlin 1980

SCHMIDT-THIELBEER, Erika: Ein Friedhof der frühen Bronzezeit bei Nohra, Kreis Nordhausen. Jahresschrift für mitteldeutsche Vorgeschichte, Band 39, S. 93–114, Halle/Saale 1955

SCHOTT, Lothar: Eine bevölkerungsbiologische Arbeitshypothese in Anwendung auf die Ethogenese der Aunjetitzer Kultur im Mittelelbe-Saale-Gebiet. Jahresschrift für mitteldeutsche Vorgeschichte, Band 60, S. 425– 431, Halle/Saale 1976

SCHULZ, Walther: Die ältesten Trensenknebel aus Mitteldeutschland. 1. Ein Aunjetitzer Begräbnisplatz mit aufgezäumtem Pferd von Gleina, Kreis Querfurt. Jahresschrift für die Vorgeschichte der sächsisch-thüringischen Länder. Band 20, S. 9–10, Halle/Saale 1931

SCHULZ, Walther: Bernstein in Mitteldeutschlands Vorzeit. Mitteldeutsche Volkheit, Heft 6, S. 2–6, Halle/Saale 1939

SCHULZ, Walther: Die Axt. Waffe – Hoheitszeichen – Sinnbild. Mitteldeutsche Volkheit, Heft 6, S. 66–73, Halle/Saale 1939

SCHWIDETZKY, Ilse: Neolithische und frühbronzezeitliche Menschenfunde aus der DDR. Fundamenta, Reihe B, Band 3, S. 93–119, Köln 1978

SIMON, Klaus: Die erste Aunjetitzer Befestigung nördlich des Erzgebirges in Mutzschen, Kreis Grimma. Ausgrabungen und Funde, Band 30, Heft 1, S. 28–32, Berlin 1985

SIMON, Klaus: Gräberfeld und Siedlung der Aunjetitzer Kultur bei Dresden-Gostritz. Arbeits- und Forschungsberichte zur sächsischen Bodendenkmalpflege, Band 29, S. 35–85, Dresden 1985

SIMON, Klaus: Höhensiedlungen der älteren Bronzezeit im Elbsaalegebiet. Jahresschrift für mitteldeutsche Vorgeschichte, Band 73, S. 287–330, Halle/Saale 1990

SIMON, Klaus: Altbronzezeitliche Höhensiedlungen in Sachsen. Aus: Beiträge zur Geschichte und Kultur der mitteleuropäischen Bronzezeit, Teil II, S. 421–442, Berlin/Nitra 1990

SPEHR, Reinhard: Neue Aunjetitzer Gräber vom »Burker Berg« bei Bautzen. Ausgrabungen und Funde, Band 12, Heft 2, S. 60–73, Berlin 1967

THIEME, Hartmut: Hausgrundrisse und Bestattungen der frühbronzezeitlichen Aunjetitzer Kultur in Esbeck, Ldkr. Helmstedt. Ausgrabungen in Niedersachsen. Archäologische Denkmalpflege 1979–1984. Herausgegeben von der Archäologischen Denkmalpflege im Institut für Denkmalpflege, Niedersächsisches Landesverwaltungsamt durch Klemens Wilhelmi. Berichte zur Denkmalpflege in Niedersachen, Beiheft 1, S. 142–144, Stuttgart 1985

ULLRICH, Herbert: Methodische Bemerkungen zur Untersuchung von drei Schädeltrepanationen aus der Frühbronzezeit von Großbrembach. Ausgrabungen und Funde, Band 3, Heft 6, S. 395–399, Berlin 1958

ULLRICH, Herbert: Anthropologische Untersuchungen zur Frage nach der Entstehung und Verwandtschaft der thüringischen, böhmischen und mährischen Aunjetitzer. Das Aunjetitzer Gräberfeld von Großbrembach. Veröffentlichungen des Museums für Ur- und Frühgeschichte Thüringens, Band 3, erster Teil, S. 7–155, Weimar 1972

VOIGT, Theodor: Ein neuer Bildstein in einem bronzezeitlichen Steinpackungsgrab. Mitteldeutsche Volkheit, Band 6, S. 75–78, Halle/Saale 1939

WALTER, Diethard: Frühbronzezeitliche »Sonderbestattungen« aus Herbsleben, Kr. Bad Langensalza.

Ausgrabungen und Funde, Band 28, Heft 5, S. 225–231, Berlin 1983

WALTER, Diethard: Frühe Bronzezeit. Aus: HERRMANN, Joachim (Herausgeber): Archäologie in der Deutschen Demokratischen Republik. Denkmale und Funde l, S. 85–90, Leipzig 1989

WALTER, Diethard: Siedlungshinterlassenschaften der Aunjetitzer Kultur bei Sundhausen, Kr. Nordhausen. Alt-Thüringen, Band 25, S. 31–60, Weimar 1990

WÜSTEMANN, Harry: Zur Funktion bronzezeitlicher Dolche. Aus: Beiträge zur Geschichte und Kultur der mitteleuropäischen Bronzezeit, Teil II, S. 557–566, Berlin/ Nitra 1990

WÜSTEMANN, Harry: Dolche und Schwerter – Der Waffenschmied und seine Technik. Aus: JOCKENHÖVEL, Albrecht / KUBACH, Wolf: Bronzezeit in Deutschland, Sonderheft der Zeitschrift »Archäologie in Deutschland«, S. 86– 88, Stuttgart 1994

ZICH, Bernd: Zur Nordwestgrenze der Aunjetitzer Kultur. Prähistorische Zeitschrift, Band 62, S. 52–77, Berlin 1987

Bildquellen

Klaus Benz, Fotograf, Mainz-Laubenheim: 67
Reproduktionen von Fotos aus dem Buch
»Deutschland in der Bronzezeit« (1996) von Ernst
Probst: 10, 12 (Archaeologicky ústav Akademie ved
CD, Prag)
Reproduktionen von Karten von Rainer Veit aus dem
Buch »Deutschland in der Bronzezeit« (1996)
von Ernst Probst: 14
Reproduktion einer Zeichnung aus dem Buch
»Deutschland in der Bronzezeit« (1996) von Ernst
Probst: 9 (Reproduktion aus Jorn Street-Jensen:
Christian Jürgensen Thomsen und Ludwig
Lindenschmit: Eine Gelehrtenkorrespondenz aus der
Frühzeit der Altertumskunde (1853–1964), Mainz
1985)
Zeichnung von Friederike Hilscher-Ehlert für das
Buch »Deutschland in der Bronzezeit« (1996) von
Ernst Probst: 37

Der Autor Ernst Probst

Ernst Probst, geboren am 20. Januar 1946 in Neunburg vorm Wald im bayerischen Regierungsbezirk Oberpfalz, ist Journalist und Wissenschaftsautor. Er arbeitete von 1968 bis 1971 als Redakteur bei den »Nürnberger Nachrichten«, von 1971 bis 1973 in der Zentralredaktion des »Ring Nordbayerischer Tageszeitungen« in Bayreuth und von 1973 bis 2001 bei der »Allgemeinen Zeitung«, Mainz. In seiner Freizeit schrieb er Artikel für die »Frankfurter Allgemeine Zeitung«, »Süddeutsche Zeitung«, »Die Welt«, »Frankfurter Rundschau«, »Neue Zürcher Zeitung«, »Tages-Anzeiger«, Zürich, »Salzburger Nachrichten«, »Die Zeit'', »Rheinischer Merkur«, »Deutsches Allgemeines Sonntagsblatt«, »bild der wissenschaft«, »kosmos«, »Deutsche Presse-Agentur« (dpa), »Associated Press« (AP) und den

»Deutschen Forschungsdienst« (df). Aus seiner Feder stammen die Bücher »Deutschland in der Urzeit« (1986), »Deutschland in der Steinzeit« (1991), »Rekorde der Urzeit« (1992), »Dinosaurier in Deutschland« (1993 zusammen mit Raymund Windolf) und »Deutschland in der Bronzezeit« (1996). Von 2001 bis 2006 betätigte sich Ernst Probst als Buchverleger sowie zeitweise als internationaler Fossilienhändler und Antiquitätenhändler. Insgesamt veröffentlichte er mehr als 100 Bücher, Taschenbücher, Broschüren und E-Books.

Bücher von Ernst Probst

Affenmenschen
Von Bigfoot bis zum Yeti

Annie Oakley
Die Meisterschützin des Wilden Westens

Archaeopteryx. Der Urvogel aus Bayern

Christl-Marie Schultes. Die erste Fliegerin in Bayern
(zusammen mit Theo Lederer)

Cortés und Malinche. Der spanische Eroberer
und seine indianische Geliebte

Das Dinotherium-Museum Eppelsheim
Führer durch die Ausstellung
(zusammen mit Dr. Jens Lorenz Franzen
und Heiner Roos)

Der Europäische Jaguar

Der Mosbacher Löwe
Die riesige Raubkatze aus Wiesbaden

Der Rhein-Elefant
Das Schreckenstier von Eppelsheim

Der Schwarze Peter
Ein Räuber im Hunsrück und Odenwald

Der Ur-Rhein
Rheinhessen vor zehn Millionen Jahren

Deutschland im Eiszeitalter

Deutschland in der Frühbronzezeit

Die Dolchzahnkatze *Megantereon*

Die Bronzezeit

Die Aunjetitzer Kultur

Die Straubinger Kultur

Die Adlerberg-Kultur

Die nordische Bronzezeit

Die Hügelgräber-Kultur

Die Lüneburger Gruppe in der Bronzezeit

Die Stader Gruppe in der Bronzezeit

Die Urnenfelder-Kultur

Die Lausitzer Kultur

Die Dolchzahnkatze *Smilodon*

Die Säbelzahnkatze *Machairodus*

Die Säbelzahnkatze *Homotherium*

Die Schweiz in der Frühbronzezeit

Die Schweiz in der Mittelbronzezeit

Die Schweiz in der Spätbronzezeit

Dinosaurier in Deutschland. Vom *Efraasia*
bis zu *Sellosaurus*

Dinosaurier von A bis K. Von *Abelisaurus*
bis zu *Kritosaurus*

Dinosaurier von L bis Z. Von *Labocania*
bis zu *Zupaysaurus*

Eiszeitliche Geparde in Deutschland

Eiszeitliche Leoparden in Deutschland

Frauen im Weltall

Höhlenlöwen. Raubkatzen
im Eiszeitalter

Johann Jakob Kaup
Der große Naturforscher aus Darmstadt

Julchen Blasius. Die Räuberbraut des Schinderhannes

Königinnen der Lüfte in Deutschland

Königinnen der Lüfte in Europa

Königinnen der Lüfte in Amerika

Königinnen der Lüfte von A bis Z

Königinnen des Tanzes

Malende Superfrauen

Meine Worte sind wie die Sterne
Die Entstehung der Rede des Häuptlings Seattle
(zusammen mit Sonja Probst)

Monstern auf der Spur
Wie die Sagen über Drachen, Riesen
und Einhörner entstanden

Österreich in der Frühbronzezeit

Österreich in der Mittelbronzezeit

Österreich in der Spätbronzezeit

Pompadour und Dubarry. Die Mätressen
von Louis XV.

Raub-Dinosaurier von A bis Z.
Mit Zeichnungen von Dmitry Bogdanav
und Nobu Tamura

Rekorde der Urmenschen
Erfindungen, Kunst und Religion

Rekorde der Urzeit
Landschaften, Pflanzen und Tiere

Säbelzahnkatzen. Von *Machairodus*
bis zu *Smilodon*

Säbelzahntiger am Ur-Rhein. *Machairodus*
und *Paramachairodus*

Seeungeheuer
Von Nessie bis zum Zuiyo-maru-Monster

Superfrauen aus dem Wilden Westen

Superfrauen 1 – Geschichte

Superfrauen 2 – Religion

Superfrauen 3 – Politik

Superfrauen 4 – Wirtschaft und Verkehr

Superfrauen 5 – Wissenschaft

Superfrauen 6 – Medizin

Superfrauen 7 – Film und Theater

Superfrauen 8 – Literatur

Superfrauen 9 – Malerei und Fotografie

Superfrauen 10 – Musik und Tanz

Superfrauen 11 – Feminismus und Familie

Superfrauen 12 – Sport

Superfrauen 13 – Mode und Kosmetik

Superfrauen 14 – Medien und Astrologie

Tony und Bruno Werntgen. Zwei Leben
für die Luftfahrt (zusammen mit Paul Wirtz)

Zenobia von Palmyra. Eine Frau kämpft
gegen die Römer

Bestellungen bei: http://www.grin.com

74